LAS AOUCOS

DEL

TOUMAS DE FOUNSOYGRIBOS

Pochade en un acte,

PAR

MM. L. MENGAUD & LANES

Représentée sur les théâtres de Toulouse,

Et suivie de la TOULOUSAINE et de deux nouvelles Pièces languedociennes,

Par M. Lucien MENGAUD,

Auteur de *Las Pimpanelos*, etc., etc., membre de la Société Académique des Hautes-Pyrénées.

TOULOUSE

Librairie de Ch. BRUN, éditeur, successeur de REY

RUE LOUIS-NAPOLÉON, 6.

1867

LAS AOUCOS

DEL

TOUMAS DE FOUNSOYGRIBOS.

LAS AOUCOS

DEL

TOUMAS DE FOUNSOYGRIBOS

Pochade en un acte,

PAR

MM. L. MENGAUD & LANES

Représentée sur les théâtres de Toulouse,

Et suivie de la TOULOUSAINE et de deux nouvelles Pièces languedociennes,

Par M. Lucien MENGAUD,

Auteur de *Las Pimpanelos*, etc., etc., membre de la Société Académique des Hautes-Pyrénées.

TOULOUSE

Librairie de Ch. BRUN, éditeur, successeur de REY

RUE LOUIS-NAPOLÉON, 6.

—

1867

PERSONNAGES.

Toumas. . . . . MM. Lanes.
Jaquet. . . . . Célestin.
Jeanetoun. . . . . Mlle Fumery.

LAS AOUCOS

DEL

TOUMAS DE FOUNSOYGRIBOS.

La scène se passe dans une chambre modestement meublée. — Porte en face, porte latérale. — Au second plan, une table à côté et deux chaises.

—

SCÈNE PREMIÈRE.

JEANETOUN (seule).

Quino bouno farço, a quel paouré Toumas ; le paouré drollé, pla sigur que Jaquet le ba fa beni aysi, coumo ba yé récoumandat. Qual fa en sorto que me recounesco pas, et surtout que se doutes pas de res. Ya déja quinze ans que l'eyt pas bist, moun Dious qu'éro bestiasso! mes éro pla boun éfant : say pas sa cambiat! Ma pla amuzado quant gardabon les canards ensemble, car, gardabi les canards, aoutres cots, quoieque sioy aouéy la fenno de moussu l'adjoient, la secondo outouritat de l'endret! Ba! n'en soun pas pu fiéro praco. Bejan, que doune un cop de ma aysi, per que tout sio en ordre quand Toumas arribara.

SCÈNE II.

JEANETOUN, JAQUET.

JAQUET.

(*Accourant*). Madamo, garats aysi Toumas que ben, éy passat daban aprép l'y abe counseillat de beni pourta sa plento.

JEANETOUN.

La farce il a donc bien réussi ?

JAQUET.

Oh ! oui, Madamo.

JEANETOUN.

Que dit-il ? Ne se doute-t-il de rien ?

JAQUET.

Que disets, Madamo ?

JEANETOUN.

Je te demande s'il ne se doute de rien ?

JAQUET.

Ba pouriots pla dire en patouës ta pla.

JEANETOUN.

Bay toutchoun, digo me, que dits ?

JAQUET.

Es raoujous, bol que l'y randon las aoucos, dits que sa fenno, fayo un tapatche d'infer, se sabio la farço que y'an jougado ; tenets, l'entendi que ben.

JEANETOUN.

M'en baouc, jé mé sauve, cal pas que me bejo desuito. (*Elle sort*).

SCÉNE III.

TOUMAS (*tenant un roseau*), JAQUET.

TOUMAS.

(*Frappant avec son roseau*). Y a pas digus ? ayssi ?

JAQUET.

Si fait, d'intrats.

TOUMAS.

(*Le reconnaissant*). Té ! acos bous, june homme.

JAQUET.

Oui, d'intrats, et assiétas bous.

TOUMAS.

Mécio, boli pas m'assieta, boli bése moussu l'adjoient.

JAQUET.

Yes pas, es anat laoura, més y'a sa fenno.

TOUMAS.

Que bouléts que fasquoy de sa fenno ; es moussu l'adjoient que me cal !

JAQUET.

Bous disi que y es pas, sa fenno fara per el, siats tranquille.

TOUMAS.

Aou cresets ?

JAQUET.

Oui ! oui ! es elo que fa tout ayssi.

TOUMAS.

Ah ! es dounc ayssi coummo à l'oustal ? Hé be anats lo quérre, san bous coumanda.

JAQUET.

Y baouc desuito. (*Il sort*).

SCÈNE IV.

TOUMAS (seul).

Ah ! les brigands, m'an panat, m'an assassinat, an manquat me fa beni pirol. Bejan, que me rappele un paouc coussi tout aco s'es passat. D'abord soun partit d'el Bourg à cinq houros d'el mayti, per beni à Founsoygribos, moun païs natal, y bendre d'aoucos, de beritablos aoucos.......

SCÈNE V

JEANETOUN, TOUMAS.

JEANETOUN.

Est-ce vous qui me demandez, brabe homme ?

TOUMAS.

(*Tout étonné*). Oy ! et adissiats, Jeanetoun.

JEANETOUN.

Qu'es-ce que bous dites ! Je ne suis pas Jeaneton, mon ami ; je suis madame l'adjoint.

TOUMAS.

Escusats, Madamo, se me troumpi. — (*A part*). Me semblo pla pourtant l'abe bisto en dacon ! Coussi n'es pas la Jeanetoun d'el Pierril ?

JEANETOUN.

Bous vous trompez, paysan, voyons qué boules-vous, parlés !

TOUMAS.

Je ba parler, Madamo. — (*A part*). Semblo la Jeanetoun coumo dos goutos d'aygo ; se parlabo pas francés, aou crerioy... Jésus ! Jésus !

JEANETOUN.

A ça parlarets, ou parlarets pas ? Piot.

TOUMAS.

Parli, Madamo, parli ! Ayssi ço que s'es passat. — (*Janetoun s'assied*). — Faséts pla, Madamo, faséts pla.

JEANETOUN.

Allons, ba toujor.

TOUMAS.

Je bas toujours.... ayssi dounc ço qué s'es passat : souy partit d'el Bourg, taléou soulel lebat, d'ambe quinze aoucos, per béni las bendre al mercat de Founsoygribos, moun pays natal. Coumo las aoucos éron grassos, marchabon pas trop pla, tourtejabon un paouc, las poussabi daban you, ame aquel agraoue, tenéts, bejats-le.

JEANETOUN.

Le besi, continués.

TOUMAS.

Jé continue... tout en tourtejan arribében, las aoucos et you, al gros ourmé qu'es aban le bilatche. Al moument ount passabon, un hommè prou pla mes, me cridéc : Digats, brabe, cant bouléts des canards ? Des canards, l'y diguéi ! Assa n'y beséts pas ou be bous amusats. Que bos dire paysan ? Cresi que bos fa le farçur, palot, filo toun cami d'ambe toun aoujan, bay, bay. Jutchasme se fousquéy estounat. — (*Voyant Jeanetoun qui rit*). Jésus, aquel rire es tout a fait aquel de la Jeanetoun.

JEANETOUN.

Béjan, va toujours....

TOUMAS.

Jè ba toujor ; pousséy mas aoucos en me disen : aquel hommè, es inoucent ou abucle, de prene mas aoucos per de canards ! Més apeno abioy fayt bint passes, qué d'aoutres hommes, pla mesis tabes, s'approutchében, en me disen : digats, brabé homme, bouléts bendre les canards? les canards ! Encaro ! coussi, noù beséts pas que soun d'aoucos !! et n'en prénguébi uno pel col, en la y metren sus pots, l'y cridéi : n'es pas uno aouco acos, es pas un aouco ? (*Il fait comme s'il la tenait en l'air, et la jette à terre avec colère*), bous assiguri qu'éri furious... més ço qué m'estounét le mayt, fousquét de bese aques dus hommes me regarda d'un ayre estounat, en se disen : qu'in doumatche! le paoure homme à perdut le cap, pren sous canards per d'aoucos. Acos me dounéc a reflechi, et regardabi ma aoucos, en me disen, se me troumpabi. Tenéts d'y pensa souloment, me fa beni las suzous !

AIR : *Adieu Charlotte.*

Eri estourdit, say pas coussi bous dire,
Daban mous éls nou besioy que canards.
D'aoucos pertout, que nou fasion que rire
Et dins moun cap n'entendioy que petards.
Uno suzou glaçado me bagnabo,
Eri bengut autant sourd qu'un balot.
N'abioy pas may qu'uno soulo pensado.
Ero la paouc d'estre cambiat en piot.

JEANETOUN.

Au fait, au fait.

TOUMAS.

Ji ba, Madamo ; à peno d'intrabi sul fiéyral qué cinq ou siés persounos, benguében al tour de you. L'un diguéc : sount pla bélis aques canards ! Oh ! anaquel mot, le sang me toumbéc as talous, et damourébi sans moubomen. Un aoutre l'y respoundéc, soun pas mal, més sount magres, qui s'ap s'aquel homme les bol bendre ; éri estabournit !.. un qu'abio de moustachos, et que m'abio parlat sans que l'entendéssi, me cridet dins l'aoureillo, paysan, es sourd, bos bendre les canards? Oui diguéi, sans sabe ço que disioy, car un pitchou drolle, un mécous qu'éro aqui, se metéc a crida a moun aoujan, tirous, tirous, tirous. Oh! alabetx, sabi pas mayt ço que se passéc ; mes un moumen aprép, las aoucos ou les canards partission ! et me semblabo qu'en s'en anan me fasion la grimaço, qu'abion le béc tout de trabès, et me troubébi quatre pistolos et miéjo dins la ma.... tres francs le parel. (*Accablé.*) Que ba dire la Toumasso, ello qu'a embucat aquelos aoucos ensourcelados !

JEANETOUN.

Paoure homme ! Enfin, comment cela a-t-il fini ?

TOUMAS.

Comment il a fini cela ? Qu'éri aqui plantat coumo l'ase de piquos, quand sentisquébi un cop de pun sur l'esquino et qu'entendéi uno bouts que mé cridec : que fas a qui Toumas ? Acos éro un besi d'el Bourg, que quant a sapiut ço que méro arribat, m'a counseillat, d'ambe le goujat qu'es aqui, de beni me plagne, en disen que m'abion troumpat, que mas aoucos éron beritaploment d'aoucos et noun pas de canards. . A qui ço que n'es...

AIR : *T'en souviens-tu.*

T. Espéri pla que me rendrets justiço.
J. Mais je ne sais comment faire vraiment !
T. Oh ! la me cal, la couléro me fisso.
J. Mais grand nigaud, pourquoi prendre l'argent.
T. Pérquoi, pérquoi, je vous ey djt l'affaire,
  » Abioy le cap perdut, d'estimbourlat,
  » Faisé-la donc, ou je va me la faire } *bis.*
J. Caloté dounc, cresi que benes fat. }

JEANETOUN.

Et coussi bos que fasquoy you, per te faire rendre justice, caillo pas prendre l'argent.

TOUMAS.

Jé vous ai dit que sabioy pas ço que fasioy,... et bouléts que vous digoy la bertat? En pla regardan aquel bestial, m'a semblat qu'abio cambiat, éron bengudos pus pitchounos, et la coulou abio founsat un paouc.

JEANETOUN.

(A part). L'imbecille, finira per aou creyre.
(A Toumas). Es un piot, Toumas.

TOUMAS.

(Etonné). A ça, me couneyssets dounc?

JEANETOUN.

Et pardi bestiasso, soun la Jeanetoun.

TOUMAS.

Ah! moun Dious, me troumpabi pas dounc? Et toco me la ma, Jeanetounetto... Beses be que me troumpabi pas.

JEANETOUN.

Et nou paourot!...

TOUMAS.

Soun pas innoucent dounc?

JEANETOUN.

Nou, mais tu pourras facilement le devenir.

TOUMAS.

Parlos en frances coumo un libre... A prepaous,... sabes qui m'a croumpat las aoucos?

JEANETOUN.

Et pardi, embecille, es you que t'ay fayt jouga aquel tour.

TOUMAS.

Oy! oy! oy! es dount toujoun badinayro, coumo quand

éros pitchouno. T'en soubenes quand me baillabos de bourrados? M'y atournabi pas jamay, jamay ; Jésus que rision... A ça, digo me, eron pla d'aoucos et noun pas de canards al mens?

JEANETOUN.

M'au demandos encaro, palot.

TOUMAS.

Eh! ce que on pot pas counta su res...; mais...

JEANETOUN.

Sios tranquille, moun paoure, Toumas, t'en pourtaras l'argent de tas aucos (*lui tappant sur les joues et à part*), paoure cousinet. Es encaro pus nigaoud que aoutres cops.

Baou quérre de qué te fa refresqua, siéto te aqui en attendent... Jaquet, ten coumpagno al cousi, tourni de suitto. (*Elle sort.*)

SCÈNE IV.

JACQUET, TOUMAS.

JACQUET.

(*Lui donnant une chaise*). Tenez, sietas-bous a qui costo la taoulo.

TOUMAS.

Mécio, goujat (*Il s'assied*). Jésus, boun Dious! et qu'aourio dit la Toumasso séri arribat ambe ta paouc d'argent?... Cresi per mofè, qu'aouyoy pas gaousat tourna à l'oustal.

JAQUET.

Abes dounc poou de bostro fenno?

TOUMAS.

Poou? Noun pas pel sigur, mais la cregni.

JAQUET.

May, se me troumpi pas, me semblo que l'annado passado, bous arribéc quiqon a pu près, à Toulouso, sur la plaço, à l'époquo des mélous ?

TOUMAS

Es bertat, mes aquel, se jamay me toumbabo joux la ma, li proumetti d'y brandi la poussiéro de soun frac à cansalado..., n'aoura pas fret à l'esquino, pel sigur.

JAQUET.

Bous amaguét un melou, se n'ou me troumpi?

TOUMAS.

Appelats a co amagua, bous? Obe que me lo panéc, le filoutas.

JAQUET.

Mes enfin, coussi si prenguét? Car bous couneyssi, n'estz pas la mitat d'un piot.

TOUMAS.

O! nani, n'en sount pas la mitat! mes amb'un filou parél, bous mémo bous y sériots laysat prene.

JAQUET.

Es pla poussible.

TOUMAS.

La beillo, un d'aques droulasses que bagaboundejoun sur la plaço m'en abio panat un, et dey bellis!... Me plagnioy de ço que m'éro arribat, quant un gros moussu am'un bentre coumo uno barriquo de cent pegas, me demando de que me plagnioy. L'y disi qu'un boulurot m'abio panat, la beillo, un bél melou de la pilo, més qu'un aoutre cop m'y attrapayon pas. Eh! von Dieu, pauvre homme, ça me diguéc,... On vous y prendra la même chose. Oui? hébe qui bengon, serioy curious de sabé coumo si prendran! Comme il si prendront? Qui dit? C'est fort simple, qui dit : Il prendra le plus vau cantalou de la pile; le tournera, le retournera, le mettra sous son habit, comme cela (*Imitant le geste d'une personne qui cache quelque chose sous son habit*), s'en ira fort tranquillement, et vous n'y verrez que du feu. Et en mémo tens s'en annabo. Alabets disi al marchant qu'éro costo you, digats? Esquè badino ou badino pas? Yé, que me dits, que s'en ba per tout de bou; et, en effet, que se biréc al cantou del Capitolo, et que disparesquét. Me metti a crida al boulur! al boulur! et toutis les maynatches qu'éron sur la plaço, m'enbirounaben en me cridant dins las aoureillos.

AIR : *Les cancans*.

Toumassou (*bis*),
T'an roustit un bel melou.
Gés qu'un sol, quin palot,
Toumassou n'es pas qu'un piot.

Me tirabon pel l'argaout,
En m'appelan grand nigaout.
Juchatysme séri raoujous,
Aourioy mourdut coumo un gous.
  Toumassou, etc.

Fatiguat, ple de furou,
Boulguébi léba l'bastou,
Mais un trounche pla lançat,
Benguét me tusta sul cap.
  Toumassou, etc.

Tout aco sério pas estat res, més quatre coumissaris ame de fusils, arribében en me disen,... d'un ayre pla gracious (*Grossissant la voix*) : Et-ce toi, palot de paysan, que tu tabise de vatre les enfants! Marche, béjan!... Més militairos, lour respoundébi d'un ayre encouléro, besets què, què..., il n'y a pas de què, què.

Point de rime ni raison,
Suivez nous vite en prison,
Vous maltraitez les enfants,
Butor, vous irez dedans.
   Et Toumassou, etc.

Et me flanqueren al biouloun... es qu'éro juste aco? éro juste ?

JAQUET.

Paoure Toumas, dibiox estre furioux?

TOUMAS.

Ço que me fatchabo le may, éro de m'entendre crida Toumassou, troubabi acos un mesprès de ma persouno ; tabes quand fousquéy à l'oustal, budébi ma couléro sur uno biéllo dourno, à grands cops d'agroués, la metébi en poulberin... Ah! ce n'abioy tengut calqu'un alabets, quino remoulado de cops de tricos, pel sigur l'aurioy espoutit coumo un mélou gastat !... Me metti pas souben en couléro! Més quant y soun... tron... garo de dejoux.

SCÈNE VII.

Les Mêmes, JEANETOUN.

JEANETOUN.

(*Arrivant avec une bouteille et un verre*). Tey pla fayt attendre, m'abioy perdut le douzil et le bi s'escampabo. Bos que te mettoy qualques yoous sur la siéto, ou un paouc de cansalado sur la grillo?

TOUMAS.

Qué nou, mécio, n'éyt pas fam! Ey tuat le berp aban de parti, et se l'ay pas tuat, cresi l'abe pla estourdit. Car, ay bébut tres ichaous à la regalado... (*Il boit*). A ta santat et may la coumpagno...

JEANETOUN.

Grand bé te fasquo, moun éfan. A ça pensi qu'as pas rancuno, hé?

TOUMAS.

Noun pas pel sigur, més me randras l'argent de las aoucos?

JEANETOUN.

A co ba san dire! Té, aqui as deix pistolos de may, es le préx de tas aoucos.

TOUMAS.

En te remerciant... Mes m'ay fayt uno bouno farço... Per mo fé, bal la qué fasquébon y a qualque tems à un pioutas de Caraman. Y a mêmo le régent de chez nousaous, que ba arrengat en rimaillo, nous aou a talomen récitat, que béy après per cor.

JEANETOUN.

Béjan, digo nous ot?

TOUMAS.

Oh! ques uno bouno farço! Escoutats!

Le Farcur et le Paysan.

Un farçur de Caraman abio, say pas coussi,
Cambiat un gros melou countro uno becassino.
L'empourtabo chez el d'un ayre sans souci,
Et tout en caminant y alisabo l'esquino.
En passant sul fiéral, rencountréc un paysan
Que pourtabo pel béc uno grosso bécasso.
Oh! oh! diguéc labets, ayssos un aoutre aoujan!
Aquel gaillard, là-bas, a fayt millouno casso.
Se poudiòy l'attrapa!.. Bejan, cal ensaja...,
Et sul cop amaguèc soun aousel jouts sa bésto;
Pey cridó le paysan. — Digos, arribo en çà.

Quantos n'as coumo aco? — Es la soulo que résto,
— Es magro, l'y respoun en la prenen pel béc.
Nostre rusat farçur, d'un ayre bounifaço,
La palpabo pertout, bint cops la suspeséc,
En disen doussomen : Permofe, n'es pas graço.
— Oh! que si fait, Moussu, es graço coum' un lard.
Bejats, buffats-lo un paou... Et l'aoutre la buffabo,
La reprenio pel béc d'amb'un ayre finart;
D'am'bel clot de la ma doussomen l'alisabo.
Le paysan anujat un paouquet se biréc ;
L'aoutre nou pér pas tens, tiro la becassino,
Et, prount coumo un lambret, de suito la cambiéc
Pendent quel campagnart abio birat l'esquino.
Et reprenguéc sul cop soun trin may que jamay ;
Alisabo toutchoun del cap dinquo la coueto.
Coutre! dits le paysan, la bouleguets pas may,
La me fariats beni piri qu'uno laouseto!
Baillats-lo-me, Moussu, qu'en sio pas may question.
Et s'emparéc sul cop de la paouro bestioto.
Partisquéc en disen : Quino ma de jousiou!
Cinq minutos de may, n'abioy qu'uno linoto...

(*Tout le monde rit aux éclats*).

Hé bé, coumo la troubax aquello farço, es pla bouno tabes. A ça que m'en baouc, que la Toumasso se fachayo s'arribabi pas léou ame l'argent de las aoucos. Adisiats, cousino, toucats la ma al Pierril ; més me rappelaréy aquelo, et pouyréy dire coumo nostre regent, que dits que y a pas digus de pus nigaout qu'un paysan qu'a pas d'esprit. (*Fausse sortie*).

Oy! oy! oy! m'en annabi coummo un palot, sans souhaita le bounsouér à la coumpagno. Attendéts, lour baou fa un coumpliment à la modo de Founsoygribos, et en même tems lour demandaréy quiquon ; reculaybous un paouc et bous approutchares quand bous aou diréy, et répétarets coumo you (*S'adressant au public*) : Medamos et Moussus, bous souhaity uno bouno neyt, Dious bous doune de bounis rèbes et pla d'aoutros caousos... La Jeanetouneto

et le Toumassou bouldrou pla bous demanda quiqoumet,
se gaousabon, mes cregnoun d'estre impourtums.

JEANETOUN.

Bayt! Bayt toutchoun, sount pla bounis éfans.

TOUMAS.

Aou creses? Et be m'asardi.

AIR : *Des esclopts*.

Charmant parterro,
Toumas espéro
Qu'apploudiréts cinq ou siés cops (*bis*),
Qu'applou ploudiréts cinq ou siés cops (*bis*).

(*Jacquet et Jeanelon s'approchent et répètent en chœur les deux derniers vers.*)

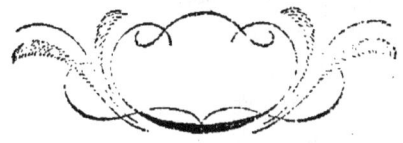

LE LOUP ET L'AGNÉL

FABLO IMITADO DE LAFOUNTAINO.

La rasou del pus fort es toutchoun la millouno :
La probo escoutats-lo, ma fablo bous la douno.
Un poulit agnélou, al bout d'un riou claret,
Bebio tout doussomen crento de la pepido.
Un loup farnous et lét, just bérs aquel endret
Benio coumo un boulur per se cassa la bido.
— Digos, que fas aqui ? ça diguéc à l'agnél.
Qui t'a permes, mécous, de treboula moun aygo ?
Meritos que sul cop te déranque la pél.
La que t'a counseillat, sigur, er'embriaygo.
— Nou bous enquiétets pas, l'y respoun l'agnélou,
Layssats me bous parla ; pey se bostro grandou
Bol régarda un paouquet ount le rajol debalo,
Beyra qu'al dejouts d'el you preni ma regalo ;
Que quand boulégarioy le saple coumo un guit,
Nou la troublayoy pas. — Disi que n'as mentit,
L'y respoundéc le loup. D'aillurs dins l'aoutro annado,
Parlébos mal dé you. — Aquelo qu'es passado ?
Més n'éri pas nascut, soun encaro al poupél,
N'éy pas que quatre dents, l'y dits le paoure agnél.
— Ebe, se n'es pas tu, pel sigur es toun frayre.
— N'éy pas cap. — Calo-te, car nou te crési gayre ;
N'és pas qu'un menturot ; sabi qu'es un des tious,
Car toutis aprép you siats coumo de jousious :

Les gousses, les bergés et touto la sequélo.
Aouéy, me cal benja, car l'oucasiou n'es bello...
Et nostre galapian, aquel hourriblé gus,
Sans tarda d'un moument l'y courréguét dessus.
Debés le miéy des rens l'y mourdisquéc la lano,
L'enlebéc pus laougé que s'éro uno abelano,
L'empourtéc dins le bosc : aqui, le brigandas,
Dins le sang del paouret farfouilléc a plen nas.

LE GRIL

FABLO.

Un joun del mes de may, à trabers la campagno,
Un gril des pus poulits, biou, negre, afiroulat,
Tout en cantourlejan, sans amits ni coumpagno,
    Un bel mayti s'ero escartat
       D'el prat.
Ero anat passeja, en brandin sas aletos ;
D'un ayre tout fiérot, marchabo per saoutets,
Tantot parmi'l gazou, tantot sur las peyretos,
Courrio coumo un pirol, en fan de rebirets ;
Més, tout en fadejan, aquello tésto follo,
Nou bejéc pas un clot, qu'abio dejoust le nas,
La pato l'y glisséc, féc uno cabriolo :
Nou s'ay pas per ma fe coussi s'y tuéc pas !
Fousquéc tant estourdit, pendent uno minuto,
Qu'a peno le paourot se pousquéc tene dret.
S'ero tant abimat dins aquelo culbuto,

Que marchéc un moument en fan al paranquet.
Quant se fousquéc remes, la prumièro pensado,
Que benguéc agita soun cap mitat perdut,
Fousquéc de remounta per regagna la prado,
Et de quita le traouc ount s'ero secoutut.
Mes aqui l'embarras, sas patos escourjados,
An aquellos parets, poudion pas s'arrapa...
On aourio dit qu'esprés las abion sabounados
Tant glissabon pertout, qualguéc y renounça.

« Atenden, ça diguéc, yey perdudo l'haleno,
» Mous amits soun pas len, cridaréy al secours.
» Bendran al grand galop, per me tira de peno.
» Sabi qu'à moun appel nou restaran pas sourds. »

Bers le souer soulomen entendéc sur la routo,
Qualqu'un de sous amits qu'anabon, en cantan,
Fouleja len del prat ; nostre gril les escouto,
Et quand les creguéc prep, lour diguéc en pregan.
» Benets, benets, grillous, benets, arribats bite,
» Ey manquat me tua, soun toumbat dins un traouc,
» Aduja' m'a sourti ; car es houro qu'el quite ;
» Aoutromen, pel sigur, serey mort aban paouc. »
   Sous amits s'approucheron,
   Toutis le regarderon
   D'un ayre piétadous.....
Le pus prép l'y diguéc : « Me troubayoy hurous
» De poude t'aduja, mes ey mal à la pato,
» Et péy soun fort pressat, ma grillo es uno ingrato,
» Se fatcho per un res, adiou m'en cal ana. »
— Un autre dits aprép : « You bouldroy t'aduja,
» Sabes-be, moun amic, que se quiquon me manquo
   » N'es pas la boulountat,
   » Mes souffrissi de l'anco,
   » D'espey que soun toumbat,
» Podi pas me foursa... » Cadun troubéc la ruzo,

Cadun en le quitan l'y dounéc uno escuzo,
Le daysseron tout soul, triste, desencantat,
Sul counte des méchans, qu'atal l'abion quitat.
Se diguet alabets : » Ah ! toutis me delaysson.
» You que m'eri fisat d'abe tantis d'amits,
» Moun Dious ! que soun ingrats : à peno se s'abaysson!
» Qu'en me besen ayssi, s'en ban coumo espaourits
» You que per les serbi m'aourioy coupat uno alo ;
» Le que bouillo quiquon n'abio pas qu'à bada.
» Aro, cadun fugis coumo s'abioy la galo,
» Se reculon, s'en ban, sans me bailla la ma,
» Oh ! mes aco's affrous !!! » — Paoure cap sans cerbélo
Bay, nou te plangos pas, tatcho de t'en sourti ;
Se countos sus amits, ta mort sera cruélo,
Se n'abios pas bezoun, oh ! les birios beni.

A forço de trabal, la terro qu'éro liso,
Sentemenéc un paouc, et pousquéc s'arrapa,
Sourtisquéc en disen : « Pla fat es qui s'y fiso,
» Ya de bounis amits..., s'agis de les trouba. »

LA TOULOUSÉNO.

O moun pays ! ô Toulouso, Toulouso !
Qu'aymi tas flous, toun cél, toun soulel d'or !
Al prép de tu l'âmo se sent hurouso,
Et tout ayssi me rejouis lé cor.

A tous entours l'hérbo semblo plus fresquo,
Le parpaillol a maytos de coulous,

Tous fruits y soun douces coumo la brésquo,
Et tous pradéls sount claoufidis de flous;
De tous bousquets you recerqui l'oumbratge
   Et le ramatche
   Des aouselous.

Que you soun fiér de tas Académios,
Des mounumens qu'ornon nostro citat,
De toun renoum et de tas pouésios,
Et de toun cant despéy lountens citat;
Aymi tabes nostro lenguo gascouno
   Que tant nous douno
   De gayetat !

Oh ! qu'aymi pla de tas brunos grisettos
Le tin flourit, le sourire malin,
Lour pel lusen, lours poulidos manetos,
Lours poulits pés et lour regard taquin.
En las besen moun cor se rebiscolo,
   Et péy s'enbolo
   Tout moun chagrin.

De tous guerriés doun la noblo benjenço
Fasquéc plega le froun des Sarrazis,
De ta fiertat et de l'independenço
Que de tout tens regnéc dins le pays.
Oh ! soun pla fiér de ma bilo tant bélo
   Que tant rappélo
   De soubenis.

O moun pays ! ô Toulouso, etc.

Toulouse. — Typographie de Bonnal et Gibrac, rue Saint-Rome, 44.

Toulouse. — Typographie de BONNAL & GIBRAC, rue Saint-Rome, 44.

www.ingramcontent.com/pod-product-compliance
Lightning Source LLC
Chambersburg PA
CBHW060538050426
42451CB00011B/1775